yukismart.com/b/6a8006

1
AF364381
2

kat

kedi

hond

köpek

vis

balık

vogel

kuş

kip

tavuk

haan

horoz

kuiken

civciv

ei

yumurta

koe

inek

schaap

koyun

varken

domuz

geit

keçi

paard

at

ezel

eşek

muis

fare

konijn

tavşan

kalkoen

hindi

gans

kaz

pauw

tavuskuşu

eend

ördek

eendje

ördek yavrusu

zwaan

kuğu

libel

yusufçuk

vlieg

sinek

mier

karınca

miereneter

karıncayiyen

lieveheersbeestje

uğur böceği

aardworm

solucan

naaktslak

sümüklü böcek

rups

tırtıl

slak

salyangoz

vlinder

kelebek

sprinkhaan

çekirge

bij

arı

honing

bal

spin

örümcek

gras

çimen

kever

böcek

mug

sivrisinek

schorpioen

akrep

hagedis

kertenkele

schildpad

kaplumbağa

krab

yengeç

garnaal

karides

kreeft

ıstakoz

walvis

balina

haai

köpek balığı

pijlstaartrog

vatoz

dolfijn

yunus

zee-egel

denizkestanesi

kwal

denizanası

inktvis

kalamar

zeester

denizyıldızı

zeemeeuw

martı

zee

deniz

pelikaan

pelikan

aalscholver

karabatak

schelpen

deniz kabukları

zand

kum

olifant

fil

zebra

zebra

giraffe

zürafa

slang

yılan

krokodil

timsah

leeuw

aslan

tijger

kaplan

nijlpaard

su aygırı

neushoorn

gergedan

jachtluipaard

çita

kameel

deve

antilope

antilop

flamingo

flamingo

struisvogel

deve kuşu

ooievaar

leylek

papegaai

papağan

gorilla

goril

aap

maymun

koala

koala

panda

panda

kangoeroe

kanguru

egel

kirpi

eekhoorn

sincap

wolf

kurt

vos

tilki

wasbeer

rakun

beer

ayı

hert

geyik

adelaar

kartal

vleermuis

yarasa

zwijn

yaban domuzu

kraai

karga

uil

baykuş

specht

ağaçkakan

bunzing

kokarca

mol

köstebek

bever

kunduz

ijsbeer

kutup ayısı

sneeuw

kar

pinguïn

penguen

sneeuwuil

kar baykuşu

bos

orman

berg

dağ

narwal

denizgergedanı

orka

katil balina

walrus

mors

zeehond

fok

www.ingramcontent.com/pod-product-compliance
Lightning Source LLC
LaVergne TN
LVHW071633180726
843512LV00002B/300